BEI GRIN MACHT SICH IHR WISSEN BEZAHLT

AF144483

- Wir veröffentlichen Ihre Hausarbeit,
  Bachelor- und Masterarbeit

- Ihr eigenes eBook und Buch -
  weltweit in allen wichtigen Shops

- Verdienen Sie an jedem Verkauf

Jetzt bei www.GRIN.com hochladen und kostenlos publizieren

Karsten Patzwaldt

Proteinstrukturalignment - Berechnung von Alignments

GRIN Verlag

Bibliografische Information der Deutschen Nationalbibliothek:

Die Deutsche Bibliothek verzeichnet diese Publikation in der Deutschen National-
bibliografie; detaillierte bibliografische Daten sind im Internet über http://dnb.d-
nb.de/ abrufbar.

Impressum:

Copyright © 2005 GRIN Verlag GmbH
Druck und Bindung: Books on Demand GmbH, Norderstedt Germany
ISBN: 978-3-638-75155-1

Dieses Buch bei GRIN:

http://www.grin.com/de/e-book/51445/proteinstrukturalignment-berechnung-von-
alignments

GRIN - Your knowledge has value

Der GRIN Verlag publiziert seit 1998 wissenschaftliche Arbeiten von Studenten, Hochschullehrern und anderen Akademikern als eBook und gedrucktes Buch. Die Verlagswebsite www.grin.com ist die ideale Plattform zur Veröffentlichung von Hausarbeiten, Abschlussarbeiten, wissenschaftlichen Aufsätzen, Dissertationen und Fachbüchern.

Besuchen Sie uns im Internet:

http://www.grin.com/

http://www.facebook.com/grincom

http://www.twitter.com/grin_com

Proteinstrukturalignment

Karsten Patzwaldt

17. August 2005

Zusammenfassung

Als Proteinstrukturalignment bezeichnet man das Finden von Teilketten in 2 oder mehreren Proteinsträngen, deren Tertiärstruktur eine möglichst hohe Übereinstimmung aufweist. Es werden mehrere Algorithmen vorgestellt, um sowohl paarweise als auch multiple Alignments zu berechnen.

Inhaltsverzeichnis

1

1 Einführung

Proteine, das heißt Aminosäureketten, sind ein elementarer Grundbaustein aller Zellen. Sie haben im Körper verschiedenste Aufgaben und sind unter anderem in Form von Sturkturproteinen für den Aufbau von Gewebe, in Form von Enzymen für katalytische Funktionen, in Form von Hormonen für Steueraufgaben im Körper oder als Transportprotein wie zum Beispiel beim Hämoglobin für den Transport verschiedenster Substanzen im Körper zuständig.

Bei der Untersuchung von Proteinen unterscheidet man zwischen 3 Abstraktionsebenen: der Primärstruktur, der Sekundärstruktur sowie der Tertiärstruktur. Die Primärstruktur ist die einfachste Form, hier wird lediglich die Proteinsequenz betrachtet, die aus der DNA-Sequenz abgeleitet werden kann. Als Sekundärstruktur bezeichnet man die Anordnung der Aminosäuren zu Sekundärstrukturelementen wie der α-Helix oder dem β-Faltblat. Sie gibt Aufschluss über die die chemische Zusammensetzung eines Proteins, ignoriert allerdings die Anordnung der Aminosäuren im Raum. Als Tertiärstruktur bezeichnet man die räumliche Anordnung, sie gibt also Aufschluss über die tatsächliche Gestalt des Proteins, ist aber naturgemäß auch die komplexeste Darstellungsform. Gelegentlich ist zusätzlich noch von der Quartärstruktur die Rede, dabei betrachtet man Proteinkomplexe, die aus mehreren Proteinen zusammengesetzt sind. Diese werden hier aber nicht weiter behandelt. Abbildung 1 zeigt beispielhaft zwei Tertiärstrukturen in einer 3D-Ansicht.

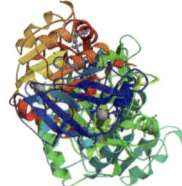 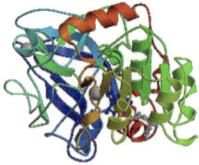

Abbildung 1: Das Enzym Alkoholdehydrogenase bei einem Menschen (links) und einem Pferd (rechts)

Um die Funktionsweise von Proteinen zu untersuchen ist es oft hilfreich, Gemeinsamkeiten zwischen Proteinen herauszufinden. Nun gibt es zwar eine Vielzahl von effizienten Algorithmen, um Primärstrukturen zu vergleichen, unter anderem BLAST[8] sowie verschiedene Weiterentwicklungen (PSI-BLAST und Gapped BLAST[2], BLAST 2[8] u.a.), allerdings stellte sich heraus, daß die Tertiärstruktur einen weitaus größeren Einfluß auf die Funktion des Proteins hat als die Primärstruktur. Zudem haben Proteine mit ähnlicher Primärstruktur auch ähnliche Tertiärstrukturen, allerdings gilt der Umkehrschluss nicht zwangsläufig, so daß ein Tertiärstrukturvergleich auch Ähnlichkeiten finden kann, die aus der Primärstruktur nicht sofort ersichtlich sind. Abbildung 2 zeigt beispielhaft ein vollständiges Alignment zweier Proteine.

Ziel ist es daher Algorithmen zu finden, die zwei oder mehr Tertiärstrukturen verarbeiten und gemeinsame Teilstrukturen erkennen können. Ich werde im folgenden fünf Algorithmen vorstellen, die dazu verschiedene Strategien verfolgen.

Die Beschreibungen der Algorithmen erheben keinen Anspruch auf Vollständigkeit, sondern sollen lediglich einen Überblick über die Funktionsweise und der Effizienz der verschiedenen Algorithmen geben. Für eine ausführliche Beschreibung mit sämtlichen Details sei der interessierte Leser auf die jeweiligen Papers verwiesen.

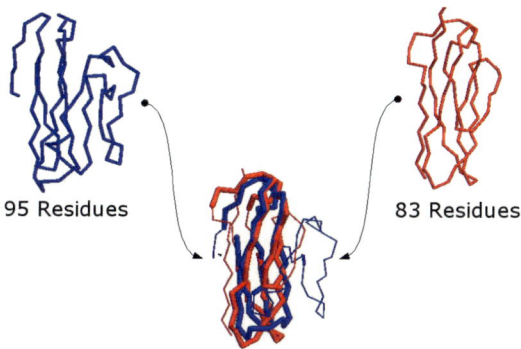

95 Residues   83 Residues

Abbildung 2: Ein Alignment zwischen zwei Immunoglobulinen[1]

2 DALI

2.1 Distanzmatrizen

DALI[5] ist ein Akronym für Distance matrix ALIgnment. Wie der Name bereits andeutet, basiert der Algorithmus auf dem Vergleich von Distanzmatrizen.

Definition 1 *Sei P ein Protein, bestehend aus n Aminosäuren mit den Koordinaten $(a_1, \cdots, a_n)$. Dann ist D die Distanzmatrix von P, wenn $D \in \mathbf{N}^{nxn}$ und $d_{ij} = |a_i - a_j|$ gilt.*

Wir betrachten nur eine Koordinate pro Aminosäure, da bei sämtlichen Algorithmen lediglich die C^α-Atome betrachtet werden. Das sind die Kohlenstoffatome, die das Rückgrat der Aminosäurekette bilden. Eventuelle Nebenäste der Kette können für gewöhnlich ignoriert werden, da sie nur minimalen Einfluss auf die Funktion des Proteins haben.

Die Vorteile bei der Verwendung von Distanzmatrizen liegen auf der Hand. Sie verlegen das Problem auf elegante Weise aus dem dreidimensionalen in den zweidimensionalen Raum, sie erledigen automatisch das Problem, die Strukturen gegeneinander rotieren oder verschieben zu müssen, da sie nur mit relativen Koordinaten arbeiten, enthalten aber trotzdem genügend Informationen, um die dreidimensionale Struktur wieder zu berechnen. Allerdings enthalten sie mehr Informationen als nötig, so daß bei einem Vergleich zweier vollständiger Matrizen viele unnötige Operationen durchgeführt werden würden.

Zu Beginn des Algorithmus wird für beide zu vergleichende Proteine jeweils die Distanzmatrix berechnet.

3

2.2 Scorefunktion

Um die Güte eines gefundenen Alignments zu bewerten, wird eine Scorefunktion benötigt. Diese ist wie folgt definiert:

$$S = \sum_{i=1}^{L} \sum_{j=1}^{L} \phi(i,j).$$

Dabei bezeichnet L die Länge des zu untersuchenden Alignments und ϕ ist eine Ähnlichkeitsfunktion, die folgendermaßen berechnet wird:

$$\phi^E(i,j) = \left\{ \begin{array}{ll} \left(\theta^E - \frac{|d_{ij}^A - d_{ij}^B|}{d_{ij}^*} \right) w(d_{ij}^*), & i \neq j \\ \theta^E, & i = j \end{array} \right\}.$$

Hierbei bezeichnet θ^E die maximale zu tolerierende Abweichung, in unserem Fall 0.2, also 20%, d_{ij}^A beziehungsweise d_{ij}^B die Distanzen zwischen dem i-ten und dem j-ten C^α-Atom in den Proteinen A und B und d_{ij}^* bezeichnet den Durchschnitt zwischen d_{ij}^A sowie d_{ij}^B. w wird durch $w(r) = exp(-\frac{r^2}{\alpha^2})$ definiert.

Die Funktion $\phi^E(i,j)$ wird als *elastische Scorefunktion* bezeichnet, da sie näher beieinander liegende Aminosäuren im Alignment höher gewichtet als weiter entfernt liegende. Außerdem betrachtet sie Abweichungen immer relativ, da eine kleine Abweichung von einem großen Wert natürlich weniger relevant ist als die selbe Abweichung von einem kleineren Wert. Offensichtlich führen Vergleiche eines C^α-Atoms mit sich selbst zu einem maximalen Wert, während alle anderen Paare Werte unterhalb des Maximalwerts erhalten, abhängig von der Differenz zwischen den Distanzen relativ zur Durchschnittsdistanz. Die Funktion w dient dazu, Paare, die sehr weit auseinanderliegen, weniger stark zu gewichten. Dadurch erhalten lokale Alignments einen deutlich höheren Stellenwert im Gesamtscore als das globale Alignment.

2.3 Monte-Carlo-Optimierung

Die Monte-Carlo-Optimierung ist eine bekannte und verbreitete Methode, um die Komplexität von Berechnungen auf Kosten der Genauigkeit zu reduzieren. Das Verfahren wurde nach gleichnamigen Stadtteil von Monaco benannt, der für seine Casinos bekannt ist. Der Name rührt daher, daß es sich hierbei um einen zufälligen Algorithmus handelt.

Das Verfahren kann für Maximierungsprobleme verwendet werden, bei denen die Lösung aus mehreren Teilstücken zusammengesetzt wird. Den Suchraum solcher Probleme kann man sich als Baum vorstellen. Dabei beschreibt jeder Knoten eine Kombination von Teillösungen und jede Kante das Aufnehmen eines weiteren Teilstücks in die Teillösung [Abb. 1].

Die Monte-Carlo-Optimierung schlägt dabei folgenden Weg vor, das nächste Teilstück auszuwählen. Zuerst wird der Zwischenscore für jede mögliche Erweiterung der jetzigen Lösung berechnet. Danach wird jedem Score eine Wahrscheinlichkeit zugeordnet, und zwar entsprechend der Formel

$$p = exp(\beta * (S' - S))$$

Dabei steht S' für den neuen Score, S für den bisherigen Score und β ist ein Parameter, der sich im Laufe des Algorithmus ändern kann. Bei physikalischen Berechnungen wird beispielsweise häufig die Temperatur für β verwendet.

Dieses Vorgehen stellt natürlich keineswegs sicher, daß der optimale Pfad gefunden wird. Im schlimmsten Fall kann sogar das Ergebnis mit dem schlechtesten Score herauskommen.

Um dennoch verwertbare Ergebnisse zu bekommen, wendet man das Verfahren häufig mehrfach an und wählt das Ergebnis mit dem besten Score aus. Je nach konkreter Anwendung der Optimierung können dabei beachtlich gute Ergebnisse berechnet werden, die aber dennoch von der Qualität nach unten nicht abgeschätzt werden können.

2.4 Anwendung bei DALI

In unserem konkreten Problemfall betrachten wir das Hinzufügen oder Entfernen von Tetrapeptiden[1] als Schritt in der Monte-Carlo-Optimierung.

DALI arbeitet in zwei Modi: Dem Erweiterungs- und dem Reduktionsmodus. Im Erweiterungsmodus wird zu einem gegebenen Alignment jedes Tetrapeptid betrachtet, mit dem das Alignment erweitert werden könnte. Für jede mögliche Erweiterung wird dann der Score berechnet und entsprechend dem Monte-Carlo-Verfahren eine Erweiterung ausgewählt. Im Reduktionsmodus werden Tetrapeptidabschnitte aus dem Alignment entfernt, die insgesamt einen negativen Wert zum Score beitragen. Tetrapeptide, die einmal entfernt wurden, werden markiert und danach nicht mehr in das Alignment aufgenommen, um Endlosschleifen zu vermeiden.

Unabhängig davon werden in jedem Schritt des Algorithmus Tetrapeptide entfernt, die redundant sind, das heißt Tetrapeptide, die vollständig von zwei oder mehreren anderen Tetrapeptiden überlappt werden.

2.4.1 Phase 1

Am Anfang des Algorithmus werden Paare von Hexapeptiden[2] gesucht, bei denen die zugehörigen Abschnitte der Distanzmatrizen einen hinreichend kleinen Unterschied aufweisen. Von diesen Paaren werden 100 Stück, die sogenannten Seeds, ausgewählt.

Alle Seeds werden gleichzeitig betrachtet. In jedem Durchlauf des Algorithmus werden dabei je fünf Erweiterungs- und ein Reduktionszyklus durchgeführt. Der Parameter β wird dabei in den ersten Runden auf 50 gesetzt, um die Alignments schnell wachsen zu lassen. Sollten dabei 2 Alignments entstehen, die mehr als 50% Überlappung aufweisen, so werden diese zu einem zusammengefasst.

Nach einigen Runden wird β geändert, und zwar auf

$$\beta = \frac{0.1}{\sqrt{S_{max}}}$$

Dabei steht S_{max} für den maximalen bisher gefundenen Score. Diese Formel bedeutet nichts anderes als daß es umso wahrscheinlicher wird, daß als nächstes

---

[1]Tetrapeptide sind eine Verbindung von vier Aminosäuren zu einer Kette
[2]Analog zu Tetrapeptiden sind Hexapeptide Ketten von sechs Aminosäuren

nicht die Erweiterung mit dem höchsten Score gewählt wird, desto höher der bisherige maximale Score ist.

Nach hinreichend vielen Wiederholungen dieser Prozedur werden die zehn verbliebenden Alignments mit dem höchsten Score ausgewählt und in der zweiten Phase weiter optimiert.

2.4.2 Phase 2

Die zweite Phase des Algorithmus läuft analog zur ersten Phase, nur daß sie nicht von vornherein festgelegt ist, wann die Phase beendet wird. Außerdem wird nur mit den zehn besten Alignments aus der ersten Phase weitergearbeitet, um Rechenzeit zu sparen.

Es wird exakt das gleiche Schema wie in der ersten Runde angewandt, das heißt, auf fünf Erweiterungszyklen folgt ein Reduktionszyklus. Dieses Verfahren wird für jedes Alignment so lange angewandt, bis sich der maximale Score über 20 Iterationen nicht verbessert. Das heißt natürlich auch, daß für jedes Alignment der maximale Score sowie das dazugehörige Alignment gespeichert wird.

Zudem werden andere Regeln für das Entfernen von Alignemnts verwendet. Alignments werden im Gegensatz zur ersten Phase nicht zusammengefasst, wenn sie sich zu 50% überdecken, sondern eines der Alignments wird entfernt, allerdings erst, wenn es sich zu 80% mit einem anderen überdeckt. Alignments werden ebenfalls entfernt, falls der beste Score, den sie bis dahin erreicht haben, unter einem festgelegten Prozentsatz des besten Scores aller Alignments liegt.

2.4.3 Phase 3

In der dritten Phase wird nur noch das beste Alignment aus der zweiten Phase weiter betrachtet.

Durch den zufälligen Charakter des Algorithmus kann es sein, daß sich in dieses beste Alignment Fragmente eingeschlichen haben, die zwar keinen negativen Score beitragen, aber dennoch bei Betrachtung des gesamten Alignments eindeutig nicht mehr optimal sind. Deswegen werden vom besten Alignment zehn Kopien angelegt. Aus diesen Kopien werden jeweils zufällig 30% der Aminosäuren entfernt, wobei die entfernten Aminosäuren nicht hintereinander liegen müssen.

Auf die so erzeugten Teilmengen des Alignments wird wiederum das selbe Verfahren wie in Phase 2 angewandt. Es werden also wiederum abwechselnd fünf Erweiterungs- und ein Reduktionszyklus durchgeführt, bis sich der maximale Score über 20 Runden nicht mehr ändert. Verschmelzungen oder Entfernungen bei Überlappungen werden nicht mehr durchgeführt, da die Alignments durch das Verfahren, durch das sie erzeugt wurden, zwangsläufig starke Übereinstimmungen aufweisen.

Das Alignment, das nach dieser dritten Phase den höchsten Score aufweist, wird als das endgültige Alignment gewertet.

2.5 Fehlerabschätzung

Wie bereits erwähnt ist es nicht möglich, die maximale Abweichung des so gewonnenen Alignments vom optimalen Score anzugeben. Andererseits ist aber auch klar, daß durch die verschiedenen Strategien, die der Algorithmus verwendet, vermeiden sollten, daß das ermittelte Alignment sehr stark vom Optimum abweicht.

Um die Güte der Ergebnisse zu ermitteln, haben die Entwickler des Algorithmus empirische Messungen durchgeführt. Dazu wurde ein Testprotein ausgewählt, für das das optimale Alignment berechnet wurde, das heißt, es wurden alle Möglichkeiten ausprobiert und das Maximum ermittelt. Anschließend wurden mehrere Alignments von DALI berechnet. Dabei stellte sich heraus, daß in 98% aller Durchläufe ein Score erreicht wurde, der mindestens 96% des optimalen Scores beträgt. Das ist für die scheinbare Zufälligkeit ein sehr guter Wert, man sollte aber immer im Hinterkopf behalten, daß ein einzelne Ergebnis nicht zwangsläufig in diesem Rahmen liegt. Man kann die Wahrscheinlichkeit dafür noch erhöhen, indem man den Algorithmus mehrfach durchläuft, aber vollständig umgehen lässt sich der Zufall natürlich nicht.

3 Proteinstrukturalignment durch inkrementelle kombinatorische Erweiterung des optimalen Pfades

Dieser Algorithmus, auch bekannt als CE (kurz für combinatorial extension), ist etwas neuer als DALI, er wurde 1998 von Ilya N. Shindyalov und Philip E. Bourne entwickelt [13].

CE ist deutlich schneller als DALI, erkennt dafür aber nur topologische Ähnlichkeiten. DALI setzt nicht voraus, daß ein Alignment am Stück vorliegt, das heißt, es ist unerheblich, in welcher Reihenfolge die einzelnen Regionen, die im Alignment zu finden sind, in der Aminosäurekette vorkommen. CE hingegen setzt voraus, daß Aminosäureabschnitte, die gematcht werden, in beiden Strängen in genau der selben Reihenfolge vorkommen.

Der Algorithmus erinnert dabei an BLAST beziehungsweise Gapped BLAST, das ganz ähnlich vorgeht, allerdings auf Primär- und nicht auf Tertiärstrukturen.

3.1 Bestimmung der Seeds

CE arbeitet nicht direkt mit den Aminosäuren oder den C^α-Atomen, sondern definiert eine weitere Abstraktionsebene, die sogenannten Aligned Fragments Pairs (AFPs). Dabei handelt es sich um Paare von Teilsträngen der jeweiligen Aminosäureketten, die jeweils 8 Aminosäuren enthalten, es handelt sich folglich um Oktapeptide. Diese Paare werden anhand einer Ähnlichkeitsfunktion ermittelt, die nur die beiden Paare unabhängig vom Rest der Kette betrachtet. Für die genaue Definition dieser Ähnlichkeitsfunktion verweise ich an dieser Stelle auf [13], wir gehen im folgenden einfach davon aus, daß die AFPs als minimale Alignments betrachtet werden können.

Zuerst werden alle solchen AFPs ermittelt und jedes AFP dient als Startpunkt für den Algorithmus. Dadurch arbeitet der Algorithmus anfangs mit relativ vielen möglichen Alignments, die dann allerdings relativ schnell zusammengefasst oder ausgefiltert werden.

3.2 Erweiterung des Alignments

Ähnlich wie bei DALI werden auch bei CE alle Alignments rundenweise erweitert. Dabei wird für jedes Teilalignment jedes AFP betrachtet, mit dem es erweitert werden könnte. Da CE keine Änderungen in der Reihenfolge kennt, können AFPs nur am Ende des aktuellen Alignments hinzugefügt werden, wodurch sich pro Alignment 14 Erweiterungsmöglichkeiten sowie die Alternative des Einfügens von Gaps ergeben. Sämtliche Alternativen werden auch hier mit Hilfe einer Scorefunktion bewertet, um die wahrscheinlich beste auszuwählen. Die Details dieser Berechnung sind nicht relevant für das Verständnis des Algorithmus an sich, deswegen verweise ich auch hier auf [13].

Nach jedem Erweiterungsdurchgang werden die entstandenen Alignments gefiltert. Alle Alignments, die nach diesem Zyklus nicht länger sind als das längste Alignment im vorherigen Zyklus werden entfernt. Auf diese Weise werden relativ schnell ungünstige Alignments rausgefiltert, allerdings ist die Verwendung der Länge des Alignments als einziges Kriterium für den Filter zumindest hinterfragenswert.

3.3 Optimierung der Ergebnisse

Das genannte Verfahren wird angewandt, bis 20 Alignments übrigbleiben. Aus diesen wird das beste ausgewählt, und zwar nach Root Mean Square (RMS). RMS ist eine mathematische Standardfunktion, um Abweichungen zu berechnen.

Definition 2 *Für N Werte* $x_1, \cdots, x_N$ *berechnet sich der RMS aus* $x_{rms} = \sqrt{\frac{1}{N} \sum_{i=1}^{N} x_i^2}$.

Dabei gilt:

$$x_{rms}^2 = \bar{x}^2 + \sigma_x^2,$$

wobei $\bar{x}$ für das arithmetische Mittel und σ_x für die Standardabweichung steht. RMS ist also eine Mittelwertsfunktion, die eine Abschätzung nach oben mit Hilfe der Standardabweichung gibt. RMS wird oft benutzt, um die Güte eines Alignments anzugeben.

In unserem Fall bezeichnen die Werte $x_1, ..., x_N$ den Abstand zwischen den alignten C^α-Atomen. Ein kleinerer Wert steht demzufolge für ein besseres Alignment.

In diesem Alignment wird dann versucht, eventuell vorhandene Gaps zu verschieben, falls dies den Score erhöht.

Das so optimierte Aligment wird anschliessend noch mit Mitteln der dynamischen Programmierung optimiert.

3.4 Bewertung

Der Ansatz, nur nichttopologische Ähnlichkeiten zu betrachten, widerspricht ein wenig der eigentlichen Zielsetzung des Proteinstrukturalignments. Es geht ja ursprünglich darum Alignments zu finden, die eben nicht aus der Primärstruktur

8

ersichtlich sind, was explizit auch topologische Ähnlichkeiten einschließt. Allerdings liegen mir keine empirischen Daten vor, wie häufig topologische Ähnlichkeiten tatsächlich auftreten. Der Geschwindigkeitsvorteil, den der Algorithmus aus dieser Einschränkung zieht, ist andererseits auch beachtlich, was empirische Untersuchungen zumindest lohnenswert erscheinen lässt.

4 Sekundärstrukturmatching

Sekundärstrukturmatching, kurz SSM, ist ein relativ neuer Algortihmus, der erst 2004 veröffentlicht wurde [10]. Er wurde von E. Krissinel und K. Henrick entwickelt und ist, zumindest nach Aussage der Autoren, extrem schnell. Allerdings sind die Messungen mit Vorsicht zu genießen, da ein öffentlicher DALI-Server mit einer Desktopimplmentierung von SSM verglichen wurde, was den Performancevergleich reichlich nutzlos macht.

4.1 Graphentheoretischer Ansatz

Die Idee, die SSM zu Grunde liegt, ist, das Protein als Graphen darzustellen und mit bekannten Graphmatchingalgorithmen das Alignment zu berechnen.

Als problematisch stellt sich dabei aber die Komplexität der bekannten Algorithmen heraus. Der beste bekannte Algorithmus, CSIA[9], hat eine Komplexität von $O(m^{n+1}n)$. Da Proteine oft über 100 Aminosäuren enthalten, ist diese Komplexität offensichtlich auf absehbare Zeit nicht in einer akzeptablen Zeit zu bewältigen.

Die Lösung, die SSM anbietet, ist, nicht die C^α-Atome als Graphenknoten zu verwenden, sondern Sekundärstrukturelemente (SSE). Sekundärstrukturelemente sind Muster, die immer wieder in Proteinsekundärstrukturen auftauchen. Zu den häufigsten Sekundärstrukturelementen zählen die α-Helix und das β-Faltblatt. Daneben gibt es noch eine Vielzahl anderer Muster, wobei noch längst nicht alle bekannt sein dürften.

Zur Erkennung von Sekundärstrukturelementen in Proteinen existieren bereits einige Algorithmen, von denen die Entwickler PROMOTIF [6] auswählten. PROMOTIF liest die 3D-Koordinaten der C^α-Atome ein und gibt die einzelnen gefundenen Muster mit dazugehörigen Koordinaten aus.

Aus dieser Ausgabe erzeugt SSM einen Graph. Dabei werden die gefundenen SSE als Knoten, ihre Verbindungen als Kanten sowie ihre Lage zueinander als Kantengewichtung eingetragen. Mit Hilfe von CSIA wird aus diesem Graph eine erste grobe Näherung des Alignments berechnet.

4.2 Verbesserung des Alignments

Im zweiten Schritt werden die tatsächlichen Koordinaten der C^α-Atome der gematchten SSE betrachtet. Die Koordinaten werden mittels Fast Optimal Superposition (FOS) so rotiert und verschoben, daß sich eine möglichst große Übereinstimmung einstellt. Es gibt mehrere bekannte Algorithmen für FOS ([12], [7]), hier wurde das Verfahren von Lesk[11] verwendet.

Die zurechtrotierten und verschobenen C^α-Atome werden dann einander zugeordnet, indem die Distanz zwischen den Atompaaren betrachtet wird. Zuerst werden alle C^α-Atome zugeordnet, die innerhalb der schon gematchten SSE liegen. Dann werden C^α-Atome zugeordnet, die nicht innerhalb der SSE liegen, aber einen hinreichend kurzen Abstand zueinander haben. Dabei entstehen Fragmente von zugeordneten Aminosäuresträngen, wobei kurze Fragmente mit nur einem oder zwei Atompaaren ausgefiltert werden da die Wahrscheinlichkeit, daß sich an diesen Stelle vermutlich nur zufällig zwei Stränge im Raum kreuzen, relativ groß ist.

Anschließend wird auf die so gewonnenen Atommengen wieder FOS angewandt und anschließend wieder die C^α-Atome aufeinander gematcht. Dieser Zyklus wird solange wiederholt, bis sich ein vorher definierter Score nicht mehr signifikant ändert.

Dieses Verfahren wird nicht nur auf den vollständigen Graphen, sondern auch auf alle Teilgraphen der Größe $N_{SSE}^{max} - 3$ oder größer wiederholt. N_{SSE}^{max} steht dabei für die Anzahl der SSE im vollständigen Graph. Das heißt, es werden alle Teilmengen untersucht, die bis zu 3 SSE weniger enthalten als der vollständige Graph. Dies dient dazu, um zu verhindert, daß eventuelle SSE, die gar nicht gematcht werden können, nicht zu einer verfälschten Startmenge von C^α-Atomen führen.

Das daraus resultierende Alignment mit dem höchsten Score wird dann als das beste Alignment betrachtet.

4.3 Bewertung

Der Algorithmus besticht durch seine Geschwindigkeit sowie durch die elegante Kombination bewährter Methoden. Die Grundannahme, das Problem des Strukturalignments auf SSE reduzieren zu können, scheint auch mehr als plausibel, da Proteine ohnehin zu großen Teilen aus SSE bestehen und somit ein Alignment, das ausschließlich außerhalb der SSE liegt, unwahrscheinlich ist.

5 Multiples Strukturalignment

Die bisher vorgestellten Algorithmen haben allesamt paarweise Alignments berechnet. Das ist sinnvoll, wenn man nach einem bestimmten Protein sucht. Es kommt aber auch vor, daß man eine Familie von Proteinen zusammenfassen und deren Gemeinsamkeiten herausarbeiten will. Dazu benötigt man multiples Strukturalignment.

Die Aufgabenstellung ändert sich dabei ein wenig. Zwar könnte man auch den Durchschnitt aller Alignments, sozusagen den kleinsten gemeinsamen Nenner betrachten, doch oft möchte man eine sogenannte Konsensusstruktur ermitteln. Eine Konsensusstruktur ist nicht unbedingt der Durchschnitt, sondern eher ein Prototyp für die Proteinfamilie. So ist eine Konsensusstruktur hervorragend geeignet, um mit ihrer Hilfe paarweise Alignments in einer Datenbank zu berechnen und mit diesen zu bestimmen, welche Proteine noch zu einer entdeckten Familie gehören.

Ein denkbarer, aber relativ naiver Ansatz wäre natürlich, die beschriebenen Algorithmen für paarweises Alignment auf multiple Alignments zu erweitern. Das wäre aber einerseits zum Teil sehr ressourcenintensiv, zum Anderen würde damit auch nur der Durchschnitt berechnet werden und keine Konsensusstruktur. Deswegen wurden Verfahren entwickelt, die einen dieser beiden oder beide Aspekte berücksichtigen.

5.1 Taylor, Flores, Orengo[14]

Die Methode dieser drei Autoren basiert, im Gegensatz zu sämtlichen bisher
vorgestellten Algorithmen, auf dem Vergleich von Vektoren und nicht von Distanzen. Dieser Ansatz hat den Vorteil, daß Vektoren nicht nur die Entfernung,
sondern auch die Richtung enthalten. Durch Ausnutzung dieser Tatsache ist es
wesentlich leichter, eine Konsensusstruktur zu berechnen.

In einem ersten Schritt werden sämtliche zu alignenden Proteine paarweise
gegeneinander alignt. Dabei entsteht pro Paar ein Alignment, das wiederum aus
Vektoren besteht.

Die Idee ist nun, diese Vektoren zu einem Durchschnittsvektor zusammen-
zufassen. Da man die paarweisen Zuordnungen der C^α-Atome durch das Alignment schon kennt ist es ein leichtes, die entsprechenden Vektoren zu finden.
In der Konsensusstruktur berechnet sich also der Durchschnittsvektor r_{ij} zwischen zwei C^α-Atomen i und j aus der Formel

$$\vec{r}_{ij} = \frac{1}{N} \sum_{n=1}^{N} N\vec{v}_{nij},$$

wobei N die Anzahl der zu alignenden Proteine und $\vec{v}_{nij}$ für den entsprechenden Vektor im n-ten Alignment.

Dabei kann es leider vorkommen, daß zwei Durchschnittsvektoren auf das
selbe C^α-Atom zeigen, obwohl nur zufällig ihr Durchschnitt gleich ist. Deswegen
wird eine Fehlerfunktion definiert, mit deren Hilfe die Güte eines Durchschnittsvektor abgeschätzt werden kann:

$$e_{ij} = \frac{1}{N} \sum_{n=1}^{N} (\vec{r}_{ij} - \vec{v}_{nij})^2.$$

Durch die Quadrierung erhalten Vektoren, die eine stärkere Abweichung
vom Durchschnittsvektor haben, eine deutlich höhere Gewichtung als solche,
die näher liegen.

Die daraus resultierenden Durchschnittsvektoren müssen aber nicht zwangsläufig konsistent sein. So können zwei Vektoren, die eigentlich auf das gleiche
Protein zeigen sollten, auf unterschiedliche Positionen zeigen, wenn man von
einem Referenzvektor aus zwei unterschiedliche Pfade verfolgt.

Deswegen werden Verschiebungsvektoren für die ursprünglichen Koordinaten der C^α-Atome berechnet. Sei hierfür das i-te Atom an seiner ursprünglichen
Koordinate, wobei die Koordinaten mit $\vec{A}_1, ..., \vec{A}_N$ angegeben sind. Dann berechnet sich der Verschiebungsvektor $\vec{s}_{ij}$ von Atom j bezüglich Atom i durch

$$\vec{s}_{ij} = \vec{A}_i - \vec{A}_j + \vec{r}_{ij}.$$

Dieser Verschiebungsvektor wird dann verwendet, um die tatsächliche neue
Position des Atoms in der Konsensusstruktur zu ermitteln:

$$\vec{A}'_j = \vec{A}_j + \frac{\vec{s}_{ij}}{\vec{e}_{ij} \, |j - i|^{\frac{1}{2}}}$$

5.2 Haraldsson, Ohlsson[4]

Dieser Algorithmus verfolgt eher einen iterativen Ansatz, um das multiple Alignmentproblem zu lösen. Dabei wird die Konsensusstruktur nicht parallel aus allen Proteinen berechnet, sondern nach und nach verfeinert.

Die Grundlage für die Konsensusstruktur bildet hierbei einfach das längste Protein in der Menge der zu vergleichenden Proteine. Ausgehend davon werden in jedem Durchlauf des Algorithmus sämtliche verbliebenen Proteine gegen die aktuelle Konsensusstruktur paarweise aligned, und zwar mit einem weiteren Algorithmus für paarweises Alignment, der mit unscharfen Alignments arbeitet[3].

Die Alignments, die der Algorithmus berechnet, enthalten sowohl die Koordinaten der C^α-Atome des Alignments als auch einen Unschärfaktor, vergleichbar mit einer Fehlerabschätzung. Bei jeder Neuberechnung des multiplen Alignments wird dieser Unschärfefaktor verwendet um zu bestimmen, welchen Einfluß jedes einzelne Alignment auf die neue Konsensusstruktur hat.

Die genauen Formeln zur Berechnung der Konsensusstruktur sind leider etwas zu komplex und würden den Rahmen dieser Arbeit sprengen, sie können aber selbstverständlich in der Veröffentlichung[4] nachgelesen werden. Entscheidend ist, daß die Konsensusstruktur iterativ verfeinert wird, ausgehend vom längsten Protein aus, und daß dabei der Einfluß eines jeden zu mergenden Alignments aus dem Unschärfaktor berechnet wird, vergleichbar mit dem Fehlerwert im vorherigen Algorithmus.

6 Auswertung

Die vorgestellten Algorithmen sind nur ein kleiner Abriss aus dem Gebiet des Proteinstrukturalignments. Allein im englischen Wikipedia[1] sind zur Zeit 22 Alogrithmen aufgelistet und ein Ende ist noch nicht abzusehen.

Auffällig ist dabei die Entwicklung von eher probabilistischen Methoden wie DALI zu ganzheitlicheren Ansätzen wie SSE. Dies dürfte zukünftig auch zu besseren und vor allem weniger fehleranfälligen Ergebnissen der Algorithmen führen.

Literatur

[1] Protein structural alignment. http://en.wikipedia.org/wiki/Protein_ structural_alignment.

[2] ALTSCHUL, S. F., MADDEN, T. L., SCHAFFER, A. A., ZHANG, J., ZHANG, Z., MILLER, W., AND LIPMAN, D. J. Gapped blast and psi-blast: a new generation of protein database search programs. *Nucleic Acids Res* *25*, 17 (1997), 3389 – 3402.

[3] BLANKENBECLER, R., OHLSSON, M., PETERSON, C., AND RINGNÉR, M. Matching protein structures with fuzzy alignments.

[4] HARALDSSON, H., AND OHLSSON, M. A fuzzy matching approach to multiple structure alignment of proteins.

[5] HOLM, L., AND SANDER, C. Protein structure comparison by alignment of distance matrices. *J Mol Biol. 233*, 1 (1993), 123 – 138.

[6] HUTCHINSON, E. G., AND THORNTON, J. M. *Protein Sci.*, 5 (1996), 212 – 220.

[7] KABSCH, W. *Acta Cryst.*, A34 (1978), 827 – 828.

[8] KORF, YANDELL, B. *BLAST - Essential Guide.* O'Reilly, 2003.

[9] KRISSINEL, E., AND HENRICK, K. *Softw. Pract. Exp.*, 34 (2004), 591 – 607.

[10] KRISSINEL, E., AND HENRICK, K. Secondary-structure matching (ssm), a new tool for fast protein structure alignment in three dimensions. *Biological Crystallography 60*, Pt. 12 Pt. 1 (2004), 2256 – 2268.

[11] LESK, A. M. *Acta Cryst.*, A42 (1986), 110 – 113.

[12] MCLACHLAN, A. D. *Acta Cryst.*, A28 (1972), 656 – 657.

[13] SHINDYALOV, I. N., AND BOURNE, P. E. Protein structure alignment by incremental combinatorial extension (ce) of the optimal path. *Protein Engineering 11*, 9 (1998), 739 – 747.

[14] TAYLOR, W. R., FLORES, T. P., AND ORENGO, C. A. Multiple protein structure alignment. *Protein Sci. 3*, 10 (1994), 1858 – 1870.